_____ 님께

평화와 행복이 항상 함께하시기를 기원하면서

_____ 드림

.

나를 찾는 지혜

풍경소리 **5**

글 · 풍경소리 | 그림 · 조병완

지유문고

발간사

우리는 순간순간 생겨나는 마음을 좇으며 살아갑니다.

마음이 나라는 생각에 빠져 삽니다.

내 생각대로 세상이 돌아가면 좋겠다고 생각합니다.

생각대로 안 되면 괴롭고, 생각대로 되면 행복해합니다.

괴로움의 근원을 돌아볼 틈이 없습니다.

아무 고민 없이 그저 행복하기만을 바랍니다.

원초적 욕망만이 선악의 기준이 되는 세상에 살고 있습니다.

그러면서 왠지 모르는 불편함을 느낍니다.

우리는 그 원인을 바깥에서 찾습니다.

점점 불안해질 수밖에 없습니다.

배려하고 사랑하고 어우러지는 세상을 꿈꿔야 합니다.

그러자면 자신부터 돌아봐야 합니다.

나는 누구인지, 나로 인해 다친 사람은 없는지.

피해 입는 사람이 없으려면 어떻게 해야 하는지······

〈풍경소리〉는 이런 생각을 하는 사람의 친구였으면 합니다.

그리고 위로가 되었으면 더욱 좋겠습니다.

풍경소리가 세상에 나온 지도 20년이 다 되어 갑니다.
다섯 번째 책을 엮습니다.
그동안 아껴주신 분들에게 감사드립니다.
더 열심히 하겠습니다.

풍경소리 편집위원회

첫 번째 풍경소리 ──

우리는

옷걸이

세탁소에 갓 들어온 새 옷걸이한테
헌 옷걸이가 한마디 하였습니다.
"너는 옷걸이라는 사실을 한시도 잊지 말길 바란다."
"왜 옷걸이라는 것을 그렇게 강조하시는지요?"
"잠깐씩 입혀지는 옷이 자기의 신분인 양 교만해지는
옷걸이들을 그동안 많이 보았기 때문이다."

정채봉 (시인 · 아동문학가)

거울

내 얼굴을 보려고
거울을 봅니다.

나를 보려고
거울을 봅니다.

지금 내 앞의 사람이
내 거울입니다.
그 사람에게서 내가 비쳐집니다.

은산 스님 (부산 금선사 주지)

12

달마야 놀자

재규(박신양)가 큰스님께 여쭈었습니다.
"스님은 왜 저에게 이렇게 잘해주십니까?"
"네놈이 밑 빠진 독을 물에 던졌던 것처럼
나는 밑 빠진 네놈을 내 마음에 던졌을 뿐이야!"

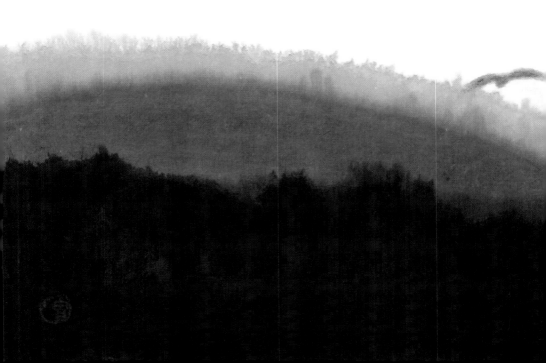

영화 〈달마야 놀자〉의 기억에 남는 한 장면입니다.
우리의 본래 마음은 그 어떤 것도
담을 수 있을 만큼 넓고 깊습니다.

달마 김준영(명상 전문가)

나누면 남는다

어떤 사람이 대중을 향하여 물었습니다.
"작은 솥 하나에 떡을 찌면 세 명이 먹기에도 부족합니다.
그러나 천 명이 먹으면 남습니다.
그 이유를 아시는 분?"
아무도 답을 하지 못했습니다.
그때 멀찍이 서 계시던 노스님이 말했습니다.
"서로 다투면 모자라고 나누면 남지."

『송고승전宋高僧傳』 중에서

선풍기

선풍기 하나를 쓰는 데도
마음씀씀이가 숨어 있습니다.

회전 버튼을 좋아하는 사람은
나도 좋고 주위 사람들도 좋게 한다는 마음이고
고정 버튼을 좋아하는 사람은
나만 좋으면 된다는 마음이겠지요.

여러분의 마음은
고정 버튼인가요? 회전 버튼인가요?

이계묵(재가수행자)

가을 낙엽

어느 가을날, 마당을 쓸던 설총이 원효 스님에게 말했습니다.
"스님, 낙엽들을 깨끗이 치웠습니다."

원효 스님은 말없이 낙엽 한 뭉치를 집어 흩뿌리며 말했습니다.
"가을은 원래 이러 하느니라."

우리는 매사에 너무 완벽을 추구하느라,
오히려 본래의 즐거움을 놓치고 사는지 모릅니다.

안병현(회사원)

성공보다 중요한 일

어떠한 일을 할 때는
쉬운가 어려운가, 성공할까 실패할까를
살피지 말고
옳은 일인가 그른 일인가를 먼저 보아야 한다.

아무리 성공할 일이라도
그 일이 옳지 못하면
결국 파국에 이르는 법이다.

만해 한용운(시인, 독립운동가)

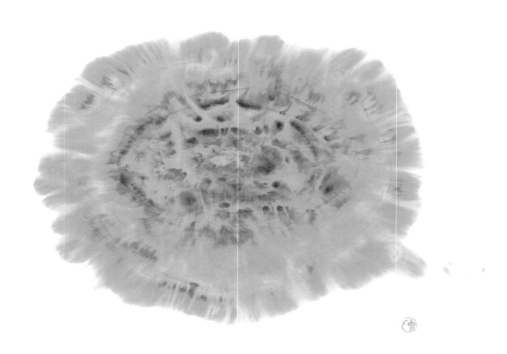

노력

열심히 노력했음에도
원하는 결과가 나오지 않는 것은
그 노력이 잘못됐기 때문이 아니라
아직 더 해야 할 노력이
남아 있었기 때문이라는 사실을 깨달았습니다.

이소연(대한민국 최초의 우주인)

사랑하며 사는 사람

많은 사람들의 사랑을 받는 사람보다
많은 사람들을 사랑하며 사는 사람이
더 행복한 사람입니다.

오심 스님(풍경소리 이사)

우리는

많은 물을 가두어 놓고
혼자만 쓰겠다는 농부에게
다들 손가락질하지만

많은 재물을 쌓아두고
혼자만 쓰려는 사람은
왜들 그리 부러워할까요.

라도현(재가수행자)

의지

남의 능력에 의지하지 말고
자신의 인내에 의지하라.
남의 판단에 의지하지 말고
자신의 지혜에 의지하라.

태양은 낮을 밝히고
달과 별은 밤을 밝히고
지혜는 낮과 밤을 모두 밝힌다.

묘원(상좌불교 한국명상원장)

노력의 증거

"인간은 노력하는 한 방황한다."

독일의 시인 괴테의 말입니다.

지금, 불확실한 미래 때문에 힘드신가요?
그것은 내가 노력하고 있다는 증거입니다.

이용성 (풍경소리 사무총장)

만 권의 책

책을 만 권이나 읽어 이만권李萬券이라는
별명을 가진 사람이 선사를 찾아가 물었습니다.
"'수미산에 겨자씨를 넣는다'는 말은 이해가 갑니다.
하지만 '겨자씨에 수미산을 넣는다'는
경전의 말은 거짓이 아닙니까?"

선사가 되물었습니다.
"당신은 만 권의 책을 읽어 출세했다는데 사실인가요?"
"사실입니다."
이에 선사가 말했습니다.
"당신 몸을 보건대 어디에 만 권의 책이 들어갈 수 있겠습니까?"

『조당집祖堂集』 지상 스님 일화

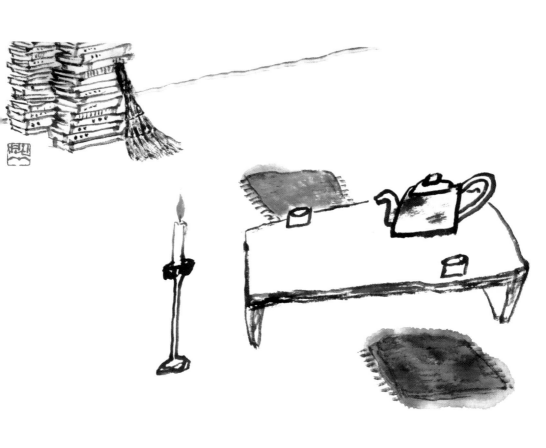

아공我空

불교에는 '아공我空'이라는 말이 있는데
나라고 할 것이 따로 없다는 뜻입니다.

남에게 도움을 주거나 기부를 할 때는
아공으로 해야 합니다.
'나'라는 것이 없으니 '너'라는 것도 없고
'도와주는 이'가 없으니
'도움 받는 이'도 없는 경지입니다.

기쁜 마음으로 나누고
나누었다는 사실마저
잊어버리세요.

선묵 혜자 스님 (풍경소리 대표이사)

이해한다는 것

아는 자는 모르는 자를 비난하지 않습니다.
그가 모른다는 것을 이해하기 때문입니다.

모르는 자는 아는 자를 비난합니다.
상대를 이해하지 못하기 때문입니다.

마치 부모는 아이의 마음을 알지만
아이는 부모의 마음을 모르는 것과 같습니다.

안다는 것은 지혜가 있는 것으로
모든 것이 원인에 따른 결과라고 알아서
상대를 인정하고 이해하는 것입니다.

묘원(상좌불교 한국명상원장)

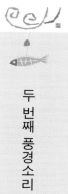

두 번째 풍경소리 ──

오늘 하루가 선물입니다

그래, 그렇기도 하겠구나

딸에게 순면 같은 남자 친구가 생겼습니다.
나는 순모나 비단 같은 사위를 원했기 때문에
딸이 사랑하는 친구를 매우 싫어했습니다.
딸이 평생 따뜻하게 살기를 원했기 때문이지요.

어느 날, 딸의 친구가 인사를 오겠다기에
나는 야박하게 거절했습니다.
그러자 딸이 소리치며 말했습니다.

"인생에 겨울만 있나요?
여름에는 순면이 최고인 걸 왜 모르세요?
겨울이 오면 또 몇 겹 겹쳐 입으면 되지요!"

그래, 그렇기도 하겠구나.

방철환(방송작가)

42

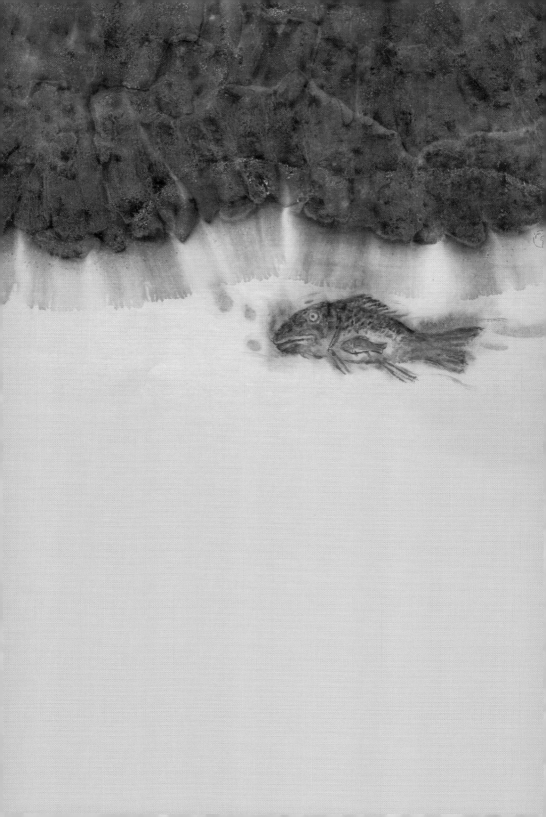

선입견

내 욕심으로 누군가를 보기 시작하면
마음속에 선입견이 만들어집니다.

선입견을 가지면 고정된 시각으로 보는 원인이 되어서
그가 진짜 어떤 사람인지 알 수 없게 됩니다.

누군가가 선입견을 가지고 나를 대하면 부당하게 느껴집니다.
그러니, 나는 어떤지 자주 살펴볼 일입니다.

원종 스님(풍경소리 포교위원장)

키위새

뉴질랜드의 나라새인 키위새는
날개가 있어도 날지를 못합니다.
천적이 없어 오랫동안 날지 않아
퇴화한 것입니다.

지금 우리를 힘들게 하는 것들은
우리 꿈의 날개가 퇴화하지 않도록 하는
고마운 천적이 아닐는지요.

박경준(동국대학교 교수)

한 발짝

높은 산의 암자에 거처를 두신 노스님께 물었습니다.

"높고 험한 저 산길을 어떻게 오르십니까?"

"다만 내 앞의 한 발짝만 보고 걸을 뿐
높은 저 산을 걱정하며 오르진 않는다네.

다만 한 발짝씩 그리 다가갈 뿐이네."

여류如流 이병철(시인)

포기할 수 없는 이유

뒤처졌다고
분노하거나 좌절해서는 안 됩니다.
앞서 가는 자의 뒷모습도
소중한 교훈입니다.
포기하지 않는 당신도
누군가의 길이 될 것입니다.

이원준(시인·소설가)

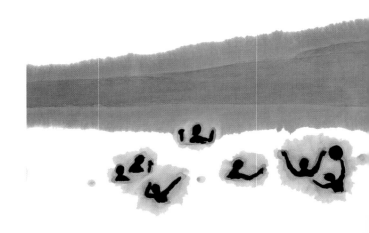

그대의 그림자

성철 스님은 말씀하셨습니다.
"몸을 바르게 세우면
그림자도 바르게 서고,
몸을 구부리면
그림자도 따라 구부러진다."

그대는 어떤 그림자를
가지고 있나요?

선묵 혜자 스님(풍경소리 대표이사)

어른의 마음

시골에서 올라온 고구마가 들쭉날쭉합니다.
옆집에 나누어 주기 위해 고르기를 합니다.
아이는 보기 좋고 맛있게 생긴 것을 제가 가지려 합니다.
어른은 내 것보다 좋은 것으로 나누자고 합니다.

유명옥(수필가)

하루 선한 일을 행하면

하루 선한 일을 행하면
복이 금세 오지는 않더라도
화는 저절로 멀어집니다.

하루 악한 일을 행하면
화가 금세 오지는 않더라도
복은 저절로 멀어집니다.

동악성재東岳聖宰(도가 선인)

그때와 지금

"그때 그러지 말걸."
우리는 이 말이 "지금 이러지 말자."와
같은 말이라는 것을 종종 잊습니다.

최재영 (회사원)

가훈

스님이 가훈을 청하는 이에게

아버지가 죽고
아들이 죽고
손자가 죽도다

라고 써주시며, 이렇게 말씀하셨습니다.

"이대로 된다면
자연스러운 삶이 될 것입니다.
그것이 참된 행복이지요."

구미래 (불교민속연구소 소장)

오늘 하루가 선물입니다

늘 반복되는 지루한 일상이지만
마음이 통하여 작은 것에도 웃을 수 있으니
오늘 하루가 큰 선물입니다.

그 어떤 값비싼 선물보다
소중한 사람들을 만날 수 있는
오늘 하루가 가장 큰 선물입니다.

작가미상

얻으려 한다면

'염일방일拈一放一'이라는 말이 있습니다.
하나를 얻으려면 반드시
하나를 놓아야 한다는 말입니다.

하나를 쥐고
또 하나를 쥐려 한다면
어느 날 그 두 개를 모두
잃게 될 것입니다.

선묵 혜자 스님 (풍경소리 대표이사)

나를 더 사랑하는 법

사람들은 모르지만
나는 압니다.

아무에게도 보이진 않지만
내 눈엔 똑똑히 보입니다.

앞사람이 떨어뜨린 지갑을
슬쩍 집어넣지 않는 것.
마음이 보고 있기 때문입니다.

나에게 떳떳해야
나를 더 사랑할 수 있습니다.

김종용(퇴직군인)

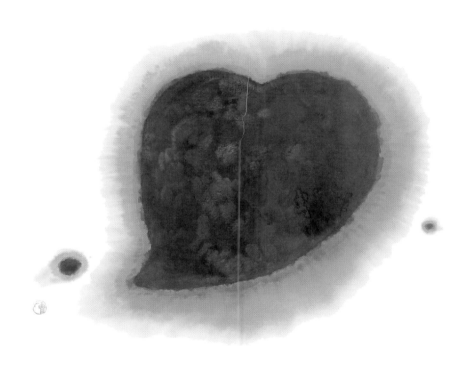

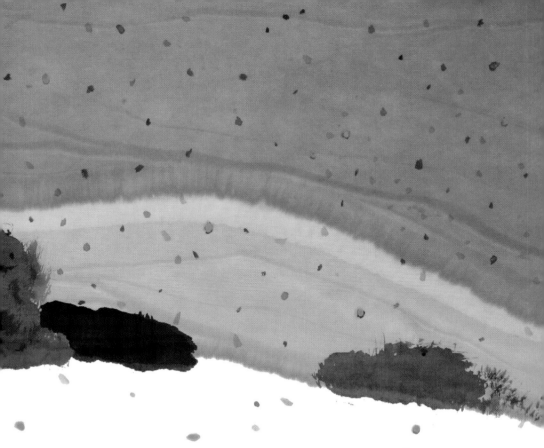

조언

내 삶이 그를 변화시키지 못했다면
내 말로는 어림없습니다.

삶으로 보여 줄 수 없는 일은
말로 어찌할 도리가 없습니다.

강미정 (동화작가)

훈련

사람들은 알고 있습니다.
육체 훈련은
한순간에 되지 않는다는 사실을.

그런데
마음 훈련은
단기간에 끝내려 합니다.

육체보다 더 오랜 시간,
끊임없이 훈련해야 하는 것이
마음입니다.

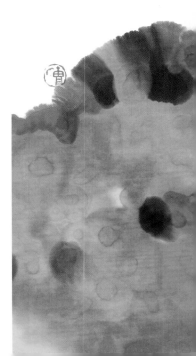

운동하지 않으면
몸의 근육이 점차 사라지듯
마음 훈련 또한
끝없는 노력과 반복이 필요합니다.

손명길(소설가)

세 번째 풍경소리 ——

향기 맑은 사람

아주 작은 일

아주 작은 일이라도
일주일을 계속한다면 성실한 것입니다.
한 달을 계속한다면 신의가 있는 것입니다.
일 년을 계속한다면 생활이 변할 것입니다.
십 년을 계속한다면 인생이 바뀔 것입니다.

세상의 모든 큰일은
아주 작은 일을 계속하는 것에서 시작됩니다.

강미정(동화작가)

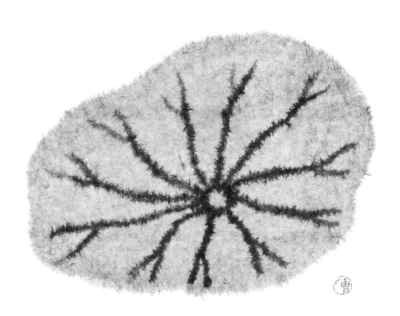

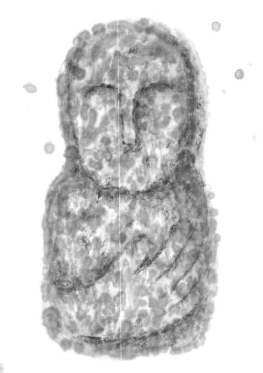

마음속 세간을 줄이세요

우리들 마음은
복잡한 세간으로 가득 차 있는
집과 같습니다.

장롱도, 침대도, 소파도
마음속 세간을 하나씩 줄여보세요.

그러면 원래 집이 어떻게 생겼는지
온전히 드러납니다.

어떤가요,
생각보다 마음이 꽤 넓지요?

선묵 혜자 스님(풍경소리 대표이사)

자기를 찍는 도끼에 향기를 내뿜다

성난 말에 성난 말로 대꾸하지 말라.

말다툼은 언제나 두 번째 성난 말에서 비롯된다.

훌륭한 사람이란 향나무처럼

자기를 찍는 도끼에게 향을 내뿜는 사람이다.

이정우(군승법사)

자비

모두가 탈없이 잘 지내기를,
모든 이가 행복하기를!
살아 있는 생물이면 어떤 것이건 모두 다,
약한 것이거나 강한 것이거나
길거나 크거나 아니면 중간치거나
또는 작거나 미세하거나 거대하거나
눈에 보이는 것이거나
눈으로 볼 수 없는 것이거나
또 멀리 있거나 가까이 있거나
태어났거나 태어나려 하고 있거나
모두가 탈없이 잘 지내기를,
모든 이가 행복하기를!

『자비경』 중에서

복과 근심

복은 검소함에서 생기고
덕은 겸양에서 생기고
지혜는 고요히 생각하는 데서 생긴다.

근심은 애욕에서 생기고
재앙은 물욕에서 생기고
허물은 경망에서 생기고
죄는 참지 못하는 데서 생긴다.

『숫타니파타』 중에서

성패의 갈림길

제자가 부처님께 물었습니다.

"부처님, 세상 사람은 제각기 직업을 가지고 사는데
어떤 이는 성공하고 어떤 이는 실패합니다.
그 이유는 무엇입니까?"

부처님께서 말씀하셨습니다.

"어리석은 사람은 자기가 할 수 있는 일은 하지 않고
할 수 없는 일을 하려고 애쓴다.
그러나 지혜로운 사람은 할 수 없는 일은 하지 않고
할 수 있는 일에 온 힘을 바친다."

『증일아함경增一阿含經』 중에서

향기 맑은 사람

박식한 사람의 귀는
보석 없이도 빛나고
베푸는 사람의 손은
팔찌 없이도 빛나는 법
그대에게서 풍기는 향기는
몸에 바른 전단향 때문이 아니라네.
그대에게는 그대 아닌 사람을
아름답게 바라볼 줄 아는
눈이 있기 때문이라네.

『수바시따』(인도 잠언시집 중에서)

세상에서 제일 고약한 도둑

세상에 제일 고약한 도둑은
바로 자기 몸 안에 있는 여섯 가지 도둑일세.
눈 도둑은 보이는 것마다 가지려고 성화를 하고
귀 도둑은 그저 듣기 좋은 소리만 들으려 하지.
콧구멍 도둑은 좋은 냄새는 제가 맡으려 하고
혓바닥 도둑은 온갖 거짓말에다 맛난 것만 먹으려 하지.
제일 큰 도둑은 훔치고, 못된 짓만 골라 하는 몸뚱이 도둑.
마지막 도둑은 생각 도둑.
이놈은 싫다, 저놈은 없애야 한다.
혼자 화내고 떠들며 난리를 치지.
그대들 복 받기를 바라거든
우선 이 여섯 가지 도둑부터 잡으시게나.

일연一然 스님(『고승열전』 중에서)

마음대로

제 몸도 제 마음대로 하지 못하는데
어리석은 사람은
자식과 재물과 남을 제 마음대로 하려다
괴로움에 빠진다.

『법구경』중에서

진실한 친구

‘나는 그대의 친구’라고 하면서도
친구를 위하여 실제로 아무 일도 하지 않는 사람
이런 사람은 진실한 친구가 아니다.

친구들에게 허풍이나 떨면서
전혀 그 말대로 실천에 옮기지 않는 사람
이런 사람은 진실한 친구가 아니다.

자식이 어머니에게 의지하듯
서로 의지하는 사람은 진정한 친구이니
이런 우정은 누구도 그 사이를 갈라놓을 수 없다.

『숫타니파타』 중에서

행복으로 가는 쉬운 길

더 많이 갖지 못한 원망스러움보다는
지금 내가 갖고 있는 것에 감사해 보세요.

나의 주장만 주입시키고자 외치지 말고
상대방 의견에도 귀를 기울여 보세요.

누군가와 나를 애써 비교하지 말고
어제의 나와 오늘의 나를 비교하는 버릇을 가져 보세요.

이것이 행복으로 가는
더 쉬운 길 아닐까요?

무진(부산 금선사 주지)

자랑을 하지 말아야 하는 이유

자랑할 일이 생긴 사람은
그 자체로도 눈이 부십니다.

거기다 자랑의 말까지 떠들어대면
너무 눈이 부셔서 눈살을 찌푸릴 수밖에 없습니다.

강미정(동화작가)

나는 의사

한 군의관이 있었습니다.
최선을 다해 환자를 살려놓으면
낫기가 무섭게 전쟁터로 나가 죽어버리곤 했습니다.
'그들의 운명이 죽기로 정해져 있다면
내 의술에 어떤 의미가 있을까.'
깊은 회의를 느낀 그는 고향으로 내려갔습니다.
어느 날 번쩍이는 깨달음이 그를 후려쳐
다시 전쟁터로 돌아갔습니다.
"난 의사잖아!"

구미래(불교민속연구소 소장)

난 날 사랑해

아무것도 변하지 않을지라도
내가 변하면 모든 것이 변합니다.*
아무도 나를 사랑하지 않을지라도
내가 나를 사랑하면
모두가 나를 사랑하게 될 것입니다.

*프랑스 소설가, 오노레 드 발자크

백희원

100

한 생각

외롭다고 생각한다.
'외롭다.'

외롭다는 그 생각이
외로움을 낳은 걸까?

그 생각이 없을 때
내 외로움은 어디 있을까?

여류如流 이병철(시인)

네 번째 풍경소리 ——

까치발

불행과 비극

불행不幸이 비극悲劇에게 말했습니다.
"당신은 나와 참 비슷하군요.
사람들을 슬프고 힘들게 하니까요."
그 말을 듣고 있던 비극이 말했습니다.
"많이 비슷하죠. 하지만 한 가지가 다르답니다."
"그게 뭔가요?"

"당신은 누구에게나 찾아가지만 전 그럴 수 없어요.
사람들이 불행을 만났을 때 거기서 멈추면
전 더 이상 다가갈 수 없답니다.
불행이 계속되는 것, 그것이 비극이니까요."

내 속의 불행하다는 마음을 알아차리고, 받아들이는 것,
불행을 멈추어 비극으로 되지 않게 하는 좋은 방법입니다.

강미정(동화작가)

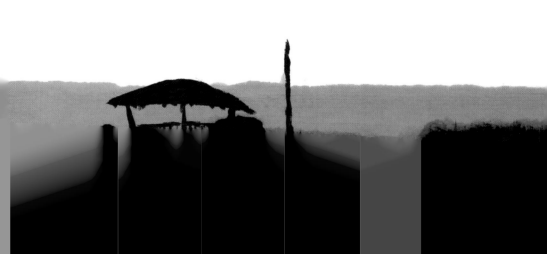

말

말이 많았다고
후회하지 마십시오.

말이 많은 것은
욕구가 충족되지 않아서 생긴 습관입니다.

말이 많았을 때는
단지 말을 많이 한 것을 알아차리십시오.

들뜬 마음이 고요해지면
차츰 말이 조절됩니다.

묘원(상좌불교 한국명상원장)

욕심의 반대

욕심의 반대는 무욕이 아닌,
잠시 내게 머무름에 대한 만족입니다.

달라이 라마

황금 팔찌

잘 빚어낸 두 개의 황금 팔찌를 한 팔에 끼게 되면,
서로 부딪쳐 소리를 낸다.
이같이 두 사람이 같이 있게 되면,
자연히 거기 말싸움과 다툼이 있게 된다.

『숫타니파타』 중에서

바로 여기서부터

당나라의 건봉 스님에게 제자가 물었습니다.
"향하는 곳마다 부처로 통하는 문이 열려 있고
큰길이 그 문까지 곧게 뚫려 있다고 하셨지요.
그럼 어디서부터 시작해야 합니까?"
스님은 지팡이로 제자의 바로 앞에 줄을 그었습니다.
"바로 여기서부터!"

구미래(불교민속연구소 소장)

하룻밤

하룻밤 묵는 여관방에 아무리 좋은 게 많다 한들
얼마나 큰 도움이 되겠습니까.

무대 위 배우의 희로애락喜怒哀樂도
고작 막이 내리면 그뿐이듯,

끝없는 욕망과 집착으로 얻어낸
인생의 환락도 그와 같지 않겠습니까.

라도현(재가수행자)

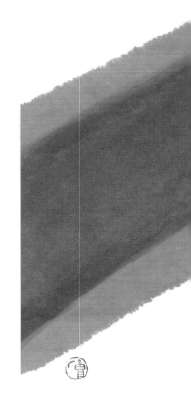

116

걸림돌과 디딤돌

좋은 돌이라도
제자리를 못 잡으면
걸림돌이다.

설령 좋지 않은 돌이라도
제자리를 잘 잡으면
디딤돌이 된다.

걸림돌을 돌의 문제로
생각하는 사람은
돌을 쪼아대지만
위치의 문제로
생각하는 사람은
돌을 옮겨
디딤돌로 만든다.

법현 스님(열린선원장)

무상無常이라고 하죠

오늘이 가고 내일이 옵니다.
겨울이 물러가길 봄이 기다립니다.

청춘이 지나고 늙음이 찾아옵니다.
삶이 멈추면 죽음이 이어집니다.

고난을 넘기면 기쁨이 맞아줍니다.
그리고 잠을 깨면 꿈도 사라집니다.

무진(부산 금선사 주지)

말의 향기

아름다운 저 꽃이 향기가 없듯
말만 하고는 그것을 실천에 옮기지 않는다면,
그 사람의 말에는 향기가 없다.
아름다운 저 꽃이 향기가 나듯
그 말한 바와 같이 행동한다면,
그 사람의 말에는 향기가 있다.

『법구경』 중에서

집착이 없으면

자녀를 가진 사람은 자녀 때문에 걱정하고,

소를 가진 사람은 소 때문에 걱정한다.

인간의 근심과 걱정은 집착하는 마음에서 비롯되는 것이니

집착하는 마음이 없는 사람에게는

근심도 걱정도 있을 수 없다.

『숫타니파타』 중에서

현재의 당신

무슨 소리를 듣고
무엇을 먹었는가.
그리고 무슨 말을 하고
어떤 생각을 했으며
한 일이 무엇인가.

그것이 바로 현재의 당신이다.
그리고 당신이 쌓은 업이다.
이와 같이 순간순간 당신 자신이
당신을 만들어 간다.
명심하라.

법정 스님

한 사람

한 사람이 곧 한 세계다.
그 한 사람이 있어 그 한 세계가 또한 있다.
세계는 그 한 사람으로부터 비롯되고
마침내 그 한 사람에게서 끝난다.
그러므로 그 한 사람이 평화로우면 그 세계 또한 평화롭다.
세상의 평화를 원한다면
당신이 먼저 평화가 되어야 하는 것은
당신이 바로 그 한 사람인 까닭이다.

여류如流 이병철(시인)

그에게
가서
그의꽃이되고
싶다 ㊖
2016 벽오공

까치발

조금이라도 커 보이려고 까치발을
들고 사는 인생은 피곤합니다.
까치발을 내려놓는 순간 모두가 편안해질 거예요.
있는 그대로의 삶을 살게 되니까요.

월호 스님 (행불선원장)

연속극

우리는 우리 자신의 삶을
한 번 왔다가 영영 사라지는 것으로 알지요.
하지만 부처님은 지혜의 눈으로
삶이란 인과因果의 법칙을 따라서
끝없이 돌고 도는 것임을 보셨습니다.

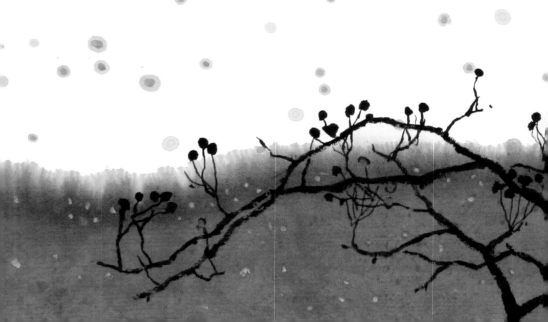

이렇게 삶이 끝없는 '연속극'임을 안다면
우리의 생각과 행동이 많이 달라질 것입니다.

라도현(재가수행자)

풍경소리

'풍경소리(사단법인 한국불교종단협의회 부설 비영리단체)'는 우리 삶에 녹아 있는 지혜를 감동적인 글로 엮어 내는 사람들의 모임입니다. 복잡한 도심의 상징인 지하철을 통해 사람들에게 삶의 지혜를 전하고 있습니다. 한 사람의 열 걸음보다 열 사람의 한 걸음으로 나아가는 세상이 되길 바라는 마음으로 이 책을 엮었습니다.

http://cafe.naver.com/pgsorinet

그림 조병완

조병완은 미술대학과 대학원에서 동양화를 전공했다. 동양화보다는 한국화라는 이름을 더 좋아하여 한국화가로 불리길 바라며, 먹그림이든 색그림이든 꾸밈없는 그림을 추구한다. 우리네 문화 속에서 늘 드러나는 소박미, 졸박미, 단순미라 부를 만한 것들을 눈여겨보고 애지중지하면서 그림에 담는다. 일상과 예술은 섬유질 사이사이로 무수한 구멍이 뚫려 있는 한지처럼 이쪽과 저쪽이 서로 통하며 같으면서 다르다. 그러면서 끊임없이 간섭한다고 생각한다.

풍경소리 ⑤

초판 1쇄 인쇄 2018년 6월 8일 | 초판 1쇄 발행 2018년 6월 15일

글 풍경소리 | 그림 조병완 | 펴낸이 김시열

펴낸곳 도서출판 자유문고

(02832) 서울시 성북구 동소문로 67-1 성심빌딩 3층

전화 (02) 2637-8988 | 팩스 (02) 2676-9759

ISBN 978-89-7030-127-3 04220 값 13,800원

ISBN 978-89-7030-126-6 (세트)

http://cafe.daum.net/jayumungo (도서출판 자유문고)